EXAMEN DOCTRINAL

JURISPRUDENCE CRIMINELLE

(ANNÉES 1880-1881)

PAR

Albert DESJARDINS

PROFESSEUR A LA FACULTÉ DE DROIT DE PARIS.

Extrait de la REVUE CRITIQUE DE LÉGISLATION ET DE JURISPRUDENCE.

PARIS

A. COTILLON & Cie, IMPRIMEURS-ÉDITEURS,

Libraires du Conseil d'Etat et de la Société de législation comparée,

24, RUE SOUFFLOT, 24.

1882

EXAMEN DOCTRINAL

JURISPRUDENCE CRIMINELLE

(Années 1880-1881).

EXAMEN DOCTRINAL

JURISPRUDENCE CRIMINELLE

(ANNÉES 1880-1881)

PAR

Albert DESJARDINS

PROFESSEUR A LA FACULTÉ DE DROIT DE PARIS.

Extrait de la REVUE CRITIQUE DE LÉGISLATION ET DE JURISPRUDENCE.

PARIS

A. COTILLON & Cie, IMPRIMEURS-ÉDITEURS,

Libraires du Conseil d'Etat et de la Société de législation comparée,

24, RUE SOUFFLOT, 24.

1882

EXAMEN DOCTRINAL

JURISPRUDENCE CRIMINELLE

(Années 1880-1881).

§ 1er. DROIT PÉNAL.

DÉLITS CONTRE LES PROPRIÉTÉS.

1. C. p., art. 379 et 408. — Distinction entre le vol et l'abus de confiance.

Il est quelquefois délicat et il est toujours important de maintenir les distinctions établies par les législateurs entre les délits contraires à la probité.

La Cour de cassation, Chambre des requêtes, dans un arrêt du 5 août 1880, a rappelé les principes, en constatant que le détournement d'un portefeuille qui aurait été volontairement remis à titre de dépôt ou de mandat constitue, non un vol, non une escroquerie, mais un abus de confiance, d'où il suit que les juges du fond avaient, avec raison, refusé d'admettre la preuve testimoniale des faits allégués à défaut d'un commencement de preuve par écrit.

La Cour de Bordeaux a décidé, le 23 juin 1880, que celui qui s'approprie une pièce de monnaie sans rendre la différence soustrait *incontestablement* la somme qui forme l'appoint et qui appartient *sans débat possible* au payant ; il commet un vol et non un abus de confiance [1] : « On peut, dit un arrêtiste [2], objecter la jurisprudence d'après laquelle la remise volontaire est exclusive de la soustraction frauduleuse, qui est l'un des éléments constitutifs du vol, V. Cass. 2 déc. 1871, 18 mai 1876. Mais la remise dans l'espèce n'était pas absolument volontaire. » Un autre arrêtiste [3] n'hésite pas à critiquer l'arrêt ; avec la Cour de cassation [4], il refuse de regarder l'article 379 comme applicable à celui qui reçoit la chose ou à qui la chose est remise, et qui ensuite, dans un esprit de fraude, la détient ou en dispose au préjudice du légitime propriétaire ; le fait imputé à l'inculpé n'est plus dans ce cas qu'une rétention qui, même frauduleuse, diffère essentiellement de la soustraction. On ne peut faire une distinction et tenir pour volée la partie de la valeur représentée

[1] D. P. 1881 — 2 — 216.
[2] S. 1881 — 2 — 12, note 1.
[3] *Journal du droit criminel*, 1881, art. 10726, Obs.
[4] 2 déc. 1871.

par la pièce de monnaie qui excède la somme due; la pièce dans son entier a été volontairement remise, peu importe qu'elle l'ait été sous condition.

Nous croyons que le fait constitue non un vol, mais un abus de confiance; sur quoi porterait le vol? Puisque la remise a été volontaire, ce n'est pas sur la pièce de monnaie. C'est, dit-on, sur l'appoint: mais cet appoint n'est pas encore matériellement représenté par une ou plusieurs pièces de moindre valeur appartenant à celui qui a fait le paiement; ce dernier n'a pu se voir voler des objets dont il n'était pas propriétaire.

L'intention qu'il a eue en remettant volontairement la pièce à son créancier peut être expliquée de deux manières différentes. On le considèrera comme ayant aliéné immédiatement cette pièce sous la condition que l'appoint lui sera rendu; comment imputer un vol à celui qui est devenu propriétaire conditionnel par l'effet de cette aliénation? Ne remplir pas la condition, est-ce commettre une soustraction frauduleuse? Cette première interprétation a l'inconvénient d'aboutir à l'impunité d'un acte malhonnête qui peut se reproduire fréquemment. Il en est une seconde qui nous paraît parfaitement exacte en elle-même, et qui permet d'atteindre un fripon dont l'exemple est dangereux. C'est en dépôt que la pièce est remise au créancier tant que la monnaie n'est pas rendue par lui; s'il s'approprie la pièce sans rendre la monnaie, il commet un abus de confiance, et du moins il est frappé par l'art. 408. Cette intention du débiteur qui paie n'est-elle pas la plus vraisemblable, par cela même qu'elle est la plus prudente? Beaucoup de marchands laissent sur le comptoir la pièce qui leur est remise, jusqu'à ce qu'ils aient remis à leur tour la différence; c'est à ce moment-là seulement qu'ils pensent en être devenus propriétaires.

2. C. p., art. 388, 3° et 4°, 475, 15°, et 479, 1°. — Distinction entre le vol et le maraudage ou la contravention consistant à causer du dommage aux propriétés mobilières d'autrui.

La Chambre criminelle a eu l'occasion de déterminer les caractères du vol, dans le cas prévu par l'article 388,3°, C. p., par opposition à la contravention de maraudage (art. 475,15°) et à celle qui consiste à causer un dommage aux propriétés mobilières d'autrui (art. 479, 1°). Le fait déféré au juge de simple police consistait à avoir dérobé sur un *pâtis*[1] des ajoncs détachés du sol et disposés en gerbe. Le fait ne constituait pas un maraudage, puisque l'art. 475, 15° parle de « ceux qui déroberont, sans aucune des circonstances prévues en l'art. 388, des récoltes ou autres productions utiles à la terre, qui, avant d'être soustraites, n'étaient pas encore détachées du sol. » Or, les ajoncs étaient détachés du sol. D'autre part, il ne s'agissait pas d'un simple dommage aux propriétés mobilières d'autrui : dérober n'est pas endommager. Le fait rentrait dans le cas de vol prévu par l'article 388, 3° : « Quiconque aura volé ou tenté de voler dans les champs des récoltes ou autres productions utiles de la terre, déjà détachées du sol..., » et constituait un délit de police correctionnelle (Crim., 4 nov. 1880). Les circonstances de la cause, d'ailleurs, rendaient applicables les 4e et 5e paragraphes de l'art. 388, si le fait avait été commis par plusieurs personnes, ce qui, d'après le 4e, aggrave le délit prévu par le 3e, et, d'après le 5e, transforme en délit la contravention consistant à soustraire des productions de la terre non encore détachées du sol.

3. C. p., art. 379.— Appropriation frauduleuse de la chose perdue par autrui.

Il y a longtemps que la jurisprudence considère celui qui s'approprie un objet perdu comme se rendant coupable d'un vol. Elle exige que l'intention frauduleuse existe chez la personne au moment où elle se saisit de l'objet. Si cette intention n'est pas prouvée, l'acquittement doit être prononcé[2]. La Cour d'Orléans a trouvé une preuve suffisante dans ces circonstances qu'un homme qui avait trouvé un anneau épiscopal devant l'hôtel de l'évêché l'avait conservé pendant vingt-quatre heures environ, sans faire la moindre démarche pour en retrouver le propriétaire, et cela malgré des recherches opérées sous ses yeux, qu'il avait engagé des pourparlers pour le vendre et répondu aux

---

[1] « *Pâtis,* espèce de lande ou de friche dans laquelle on met paitre des bestiaux ». (*Dictionnaire de l'Académie française,* 7e éd., 1878).

[2] Tribunal de la Seine, 4 mai 1881. — *Journal du Droit criminel,* 1881, art. 10800.

interrogations d'un gendarme par des allégations mensongères
sur la manière dont ce bijou était arrivé dans ses mains [1].

4. C. p., art. 388, 2°. — Tentative de vol dans une coupe affouagère.

La Cour de Dijon, le 2 mars 1881 [2], a déclaré coupable de
tentative de vol de bois dans une vente, fait prévu par l'article 388, 2°, un affouagiste qui, après le tirage au sort des lots
d'une coupe affouagère délivrée aux habitants pour être exploitée
par eux, avait reculé par des moyens frauduleux les limites des
lots voisins pour agrandir le sien ; vainement, pour se défendre,
alléguait-il que des arbres sur pied ne peuvent être l'objet d'un
vol ni d'une tentative de vol : « Considérant que, si l'objet ou
la matière du vol doit être une chose mobilière susceptible de
soustraction, la loi déclare aussi susceptibles de vol et de tentative
les choses non encore mobilières, mais qui sont destinées à l'être,
telles que les *productions utiles de la terre, qui, avant d'être
soustraites, n'étaient pas détachées du sol* ; — que les arbres
d'une coupe en exploitation destinés à être abattus sont compris
dans cette expression ; — que, sans doute, tant qu'ils sont sur
pied, ces arbres ne sauraient être l'objet immédiat d'une soustraction, mais qu'il ne s'ensuit pas qu'ils ne puissent l'être d'une
tentative de vol ; — que la loi n'a pas limité l'espace de temps
qui sépare la tentative de la consommation du vol, et que rien
n'empêche que les actes qui la constituent précèdent la mobilisation de la chose, du moment qu'il y a certitude, comme dans l'espèce, d'une part, que cette mobilisation est prochaine et assurée,
et, d'autre part, que le commencement d'exécution est en fait et
en intention dirigé vers l'exploitation des arbres et leur appropriation frauduleuse dès qu'ils seront détachés du sol. »

Cet arrêt soulève quelques objections. C'est l'art. 388, 2° que
la Cour a voulu appliquer ; mais, dans cet alinéa, le mot *bois* n'a
pas été jusqu'à présent entendu comme se rapportant aux bois
sur pied : « Il s'agit, dit M. Faustin-Hélie [3], du vol des bois *coupés* qui sont laissés dans les ventes ou dans les coupes de bois ; et

[1] Orléans, 30 août 1880, D. P. 1881. — 2 — 162 ; S. 1871 — 2 — 176.
[2] *Journal du droit criminel*, 1881, art. 10767.
[3] *Théorie*, t. V, p, 181, n° 2030.

qui sont de véritables récoltes confiées par nécessité à la foi publique. » — « Le vol dont il s'agit, dit M. Dalloz [1], c'est le vol des bois qui, *après avoir été abattus* dans la partie de la forêt mise en exploitation, sont laissés sur place pour y être vendus. Ce sont là, en effet, de véritables récoltes confiées par nécessité à la foi publique. » Les vols de bois dans les ventes étaient déjà mentionnés par la rédaction primitive de l'art. 388, et c'était dans le même sens que ces expressions étaient entendues par M. Carnot, qui disait : « Ce n'est que des bois coupés *par le propriétaire ou par son ordre* que parle l'art. 388 [2]. »

Cette difficulté était sans doute aperçue par la Cour de Dijon ; aussi parle-t-elle des *productions utiles de la terre qui avant d'être soustraites n'étaient pas encore détachées du sol.* Mais ce qu'elle dit pour fortifier son système n'est propre qu'à l'ébranler. Ce n'est plus dans le deuxième alinéa de l'art. 388, c'est dans le cinquième qu'il est fait mention de ces productions. Le vol et la tentative de vol qui s'y rapportent ne sont punis correctionnellement que si certaines circonstances énumérées par le paragraphe viennent s'y ajouter ; dans le cas contraire, le vol tombe au rang d'une contravention de simple police prévue par l'art. 475, 15°, et la tentative n'est pas punie ; or, aucune des circonstances nécessaires pour constituer le fait puni correctionnellement n'est relevée dans l'arrêt.

5. C. p., art. 401, 4°. — Loi du 26 juillet 1873.

La loi du 26 juillet 1873 a ajouté à l'art. 401, C. p., une disposition condamnant à des peines correctionnelles, « quiconque, sachant qu'il est dans l'impossibilité absolue de payer, se sera fait servir des boissons ou des aliments qu'il aura consommés en tout ou partie, dans des établissements à ce destinés. »

La Cour de Toulouse a jugé, le 10 mars 1881 [3], que « pour que cette loi reçoive son application, il faut que l'individu qui se fait servir à boire et à manger sache qu'il est dans l'impossibilité de payer », et elle a prononcé l'acquittement d'un prévenu qui « avait

---

[1] *Rep. A,* v° *Vol,* n° 408.
[2] Sur l'art. 388, *Obs.* XXIX.
[3] D. P. 1881 — 2 — 187.

en sa possession une somme de 3 fr. 50, supérieure à la dé-
pense faite. »

6. C. p., art. 408. — Novation de l'obligation née du mandat.

La Cour de cassation, le 17 décembre 1880, avait à examiner
s'il y avait abus de confiance de la part du mandataire chargé de
toucher une somme d'argent, qui, après avoir reçu le paiement,
au lieu d'en envoyer les fonds au mandant, lui avait remis une
traite, ne l'avait pas payée à l'échéance, et en avait créée une seconde, qu'il n'avait pas acquittée davantage. Elle a répondu néga-
tivement : « Attendu que de l'ensemble de ces constatations... il y
aurait lieu de conclure qu'une novation s'était opérée et que les
fonds primitivement détenus par Mauroux à titre de mandat
avaient cessé d'être à ce titre entre ses mains par suite de l'acceptation de Casier-Rogier des deux traites successivement sous-
crites par Mauroux. » L'abus de confiance ne pouvait être
reconnu là où la qualité de mandataire n'existait plus.

7. C. p., art. 408. — Détournement par un fermier de bestiaux reçus à cheptel.

Un fermier avait reçu, à son entrée dans la métairie, un cheptel
comprenant divers bestiaux et notamment un troupeau de moutons ; d'après le bail, il ne pouvait en disposer ni par vente, ni
autrement : clause utile en ce qui touche la vente du bétail, car,
de droit commun, « si nous considérons isolément (dans le cheptel
de fer) les animaux des troupeaux, nous ne pouvons pas refuser
au preneur le droit de les aliéner [1] ; » il était tenu de remettre,
à l'expiration du bail, entre les mains du propriétaire un fonds de
cheptel de même nature et de même valeur. Il vend le troupeau,
en touche et en conserve le prix : il est reconnu par les juges du
fond qu'une maladie dont le troupeau était atteint avait rendu la
vente urgente, mais « il n'en est pas moins constant que le prix de
la vente opérée, en tant qu'il représentait les moutons vendus,
appartenait au bailleur resté propriétaire du cheptel ; que, en
s'appropriant ce prix et en l'employant à leurs besoins person-

---

[1] M. Colmet de Santerre sur le *Cours Analytique de Code civil* par M. De-
mante, t. VII, nᵒ 277 *bis*, I, p. 388. — Cf. MM. Aubry et Rau, 4ᵐᵉ édit., t. IV,
p. 541, § 375.

nels, les demandeurs... ont commis au préjudice du sieur Labitte un détournement que l'arrêt attaqué a qualifié à bon droit de frauduleux et qui tombe sous le coup des art. 406 et 408 (Crim., 20 août 1880). »

On trouve deux décisions dans cet arrêt.

(1. Une première décision est supposée; le cheptel soumet à l'application de l'art. 408 le preneur qui détourne les bestiaux à lui remis : « Attendu, disait la Cour de cassation, le 23 juillet 1846, que le contrat de cheptel est classé par le Code civil parmi les contrats de louage et que l'art. 408, C. p., punit celui qui aurait détourné, au préjudice des propriétaires, des effets ou marchandises qui ne lui auraient été remis qu'à titre de louage, à la charge de les rendre ou représenter. »

C'est ce qu'a également décidé la Cour de Bourges, le 17 décembre 1868 [1] : « Que, si le doute pouvait être permis en matière de cheptel à moitié, contrat qui tient autant de la société que du louage et crée une sorte de propriété indivise entre le maître et le cheptelier, il n'en pourrait être ainsi pour le cheptel de fer, dans lequel le bailleur demeure unique propriétaire, aux termes exprès de l'art. 1822 C. Nap., et se borne à transmettre au fermier l'usage de la chose. »

La cour de Dijon enfin s'est prononcée dans le même sens, le 18 juin 1879 [2]. Cette doctrine est acceptée par MM. Blanche [3] et Faustin-Hélie [4].

Si la cour de Caen a cru devoir acquitter, le 28 août 1878 [5], un preneur à cheptel poursuivi pour abus de confiance, c'est que la situation n'était pas la même. Il s'agissait, dans l'espèce, d'un cheptel simple, réglé par les art. 1804 et suiv., C. civ., non d'un cheptel de fer, soumis aux art. 1821 et suiv. ; une clause spéciale avait accordé au preneur le droit d'en disposer librement, à la seule condition de remplacer les bestiaux vendus par des bestiaux de même valeur : « Cette convention, dit la cour, obligeait

[1] D. P. 1869 — 2 — 47.
[2] D. P. 1880 — 2 — 65 ; S. 1879 — 2 — 227.
[3] 6me *Étude*, n° 240.
[4] *Théorie*, t. V, n° 2286, p. 451.
[5] D. P. 1880 — 2 — 65 ; S. 1879 — 2 — 227.

le preneur à remplacer les animaux vendus, ce qu'il n'a pas fait, mais l'inexécution d'une convention de ce genre ne tombe pas sous le coup de l'art. 408 [1]. » En fait, la Cour jugeait que le prévenu « avait pu, sans la mauvaise foi nécessaire pour constituer le délit qui lui était imputé, se tromper sur la nature du contrat. »

Cette décision ne contredit pas la jurisprudence qui était déjà établie et que la Cour de cassation a confirmée le 20 août 1880.

(2. Ce que la Cour de cassation a regardé comme tombant sous le coup de l'art. 408, ce n'est pas la vente faite sans droit, mais dans des circonstances qui la rendaient urgente ; c'est le fait de s'être approprié et d'avoir employé à ses besoins personnels le prix de cette vente appartenant au propriétaire des moutons, « en tant qu'il représentait les moutons vendus. »

8. C. p., art. 408. — Garde d'objets saisis, preuve.

La Cour de Lyon a, le 5 janvier 1881 [2], appliqué à une espèce nouvelle le principe admis depuis longtemps sur la preuve testimoniale en matière d'abus de confiance. D'après sa décision, l'acceptation de la garde d'objets saisis a constitué un dépôt volontaire, et, pour établir l'existence de ce contrat entre le saisissant et le gardien, il faut que la preuve en soit fournie ; aux termes de l'art. 599, C. pr. civ., cette preuve ne peut résulter que de l'apposition de la signature du gardien au pied du procès-verbal ou de la déclaration qu'il ne sait signer ; cette preuve

---

[1] Une convention formelle n'existait pas dans l'espèce, malgré l'assertion de la Cour, d'après ce que rapporte M. Dalloz *(loc. cit.)*. On peut se demander si la Cour l'induisait à bon droit de l'acte pris dans son ensemble. Le prévenu avait « essayé, disait le tribunal, de se justifier en soutenant que les termes de l'acte du 16 juillet 1875 ne lui interdisaient pas le droit de disposer des bestiaux arrivés à l'âge où il était possible d'en tirer parti, ce qui est vrai, pour en induire qu'il avait pu en disposer ainsi qu'il l'avait fait, ce qui n'est plus vrai, puisque l'acte précité l'obligeait à remplacer les animaux pour les conserver en nombre et en valeur. » Comment fallait-il interpréter la clause qui obligeait le preneur à conserver les animaux en nombre et en valeur ? Le tribunal et la Cour, on le voit, donnèrent deux interprétations différentes.

[2] D. P. 1881 — 2 — 168.

n'étant pas faite dans l'espèce, aucune peine ne pouvait être prononcée.

§ 2. LOIS D'ORGANISATION JUDICIAIRE ET DE COMPÉTENCE.

I. — EXCÈS DE POUVOIR. — INDÉPENDANCE DU MINISTÈRE PUBLIC.

Un journaliste avait été poursuivi devant le tribunal de Mont-de-Marsan comme ayant publiquement outragé les magistrats du parquet à raison de leurs fonctions ou de leur qualité. Le tribunal, par jugement du 29 novembre 1880, reconnut l'existence du délit prévu par l'art. 6 de la loi du 25 mars 1822, mais admit des « circonstances très-atténuantes », tirées de ce que le ministère public n'avait pas cru devoir exercer des poursuites au sujet d'articles publiés par un autre journaliste, « qui renfermaient les indices les plus graves des délits d'outrage et de diffamation » à l'égard des magistrats inamovibles de Mont-de-Marsan ; « puisque les outrages à l'égard de la magistrature assise étaient impunis, » le prévenu avait pu compter sur une impunité accordée à d'autres ; il avait même été provoqué par cette attente à commettre le délit, moins nettement caractérisé, d'ailleurs, dont il avait à répondre.

La Cour de cassation, sur un pourvoi formé en vertu de l'article 441, C. I. C., a annulé, dans l'intérêt de la loi, le 13 janvier 1881, les considérants du jugement qui avaient trait aux circonstances atténuantes, comme contenant un excès de pouvoir, en tant que le tribunal y prenait à partie le ministère public, y discutait ses attributions et ses devoirs, y critiquait et y blâmait son inaction en présence de faits prétendus délictueux.

M. le procureur-général avait rappelé que tout récemment, les 13 juin et 5 décembre 1879, la Cour avait eu « le devoir d'annuler les considérants qui avaient pris le déguisement des circonstances atténuantes pour outrager les pouvoirs publics, le parlement, les membres du parquet. »

L'intention qu'avait eue le tribunal de censurer les officiers du ministère public n'étant pas douteuse, la Cour devait faire droit aux réquisitions de son procureur-général ; elle maintenait une fois de plus l'un des principes de notre organisation judiciaire, l'indépendance du ministère public. Que celui-ci fasse de ses

droits un bon ou mauvais usage, qu'il remplisse ses devoirs avec
exactitude ou qu'il les néglige systématiquement, ce n'est pas
à la compagnie près de laquelle il siège qu'il appartient d'apprécier sa conduite dans une décision judiciaire.

II. — SÉPARATION DES POUVOIRS.

1. Abus. — Loi du 18 germinal an X, art. 6, abus commis par un ecclésiastique ; art. 7, abus consistant dans une atteinte portée à l'exercice public du culte et à la liberté de ses ministres ; art. 8, conséquences du
recours.

Un ecclésiastique avait été poursuivi par le juge de simple police pour contravention à un arrêté du maire interdisant les pro-
cessions dans la commune : « Il a excipé à l'audience, dit la Cour
de cassation, dans un arrêt du 31 mars 1881, du droit qui lui
appartenait d'organiser les cérémonies intérieures ou extérieures
du culte dans sa paroisse, et de l'atteinte que l'arrêté municipal
avait portée à ce droit, consacré par l'art. 9 de la loi du 18 germinal an X ; — la question ainsi soulevée par le prévenu était
une question d'abus, dans le sens, soit de l'art. 6 (c'est-à-dire,
y avait-il abus de la part du prévenu dans la procession ?), soit
de l'art. 7 (c'est-à-dire, y avait-il abus de la part du maire dans
l'arrêté?) de la loi précitée. » Le juge avait dû surseoir. Le préfet
de Maine-et-Loire avait formé devant le conseil d'Etat un recours
par lequel il lui demandait : 1° de déclarer l'abus à la charge de
l'ecclésiastique ; 2° d'autoriser la poursuite contre lui. Le conseil d'Etat, par un arrêt du 17 août 1880, déclara l'abus, mais
rejeta le surplus des conclusions par ce motif « que, en spécifiant, dans ses art. 6 et 7, les cas d'abus, la loi du 18 germinal
an X n'a eu pour but ni pour effet d'établir une immunité en faveur des ecclésiastiques pour ceux de leurs actes qui tomberaient
sous l'application de la loi pénale. » La poursuite fut reprise et
l'ecclésiastique condamné. Celui-ci se pourvut devant la Cour de
cassation, en s'appuyant sur ce « que, le conseil d'Etat s'étant
borné à déclarer l'abus résultant de la conduite de l'abbé Humeau et n'ayant pas renvoyé l'affaire aux tribunaux, le juge de
police ne pouvait pas statuer sur la prévention. »
La question était donc celle-ci : Quand un tribunal de répres-

sion a sursis pour qu'une question d'abus fût tranchée par le conseil d'Etat, la poursuite ne peut-elle être reprise que si le conseil d'Etat l'a autorisée?

L'arrêt, conforme aux conclusions de M. le procureur-général Bertauld [1], a décidé que cette autorisation n'est pas nécessaire.

Le demandeur en cassation invoquait la dernière phrase de l'art. 8 de la loi du 18 germinal : « L'affaire sera suivie et définitivement terminée dans la forme administrative, ou renvoyée, selon l'exigence des cas, aux autorités compétentes. » Le renvoi, sollicité par le préfet, avait été refusé par le conseil d'Etat; donc l'affaire devait être regardée comme définitivement terminée dans la forme administrative.

Telle n'avait pas été, en fait, l'intention du conseil d'État, comme le prouvait le considérant par lequel il avait motivé le refus du renvoi, se bornant à constater que nulle immunité n'était accordée aux ecclésiastiques en matière pénale. En droit, la Cour répondait au demandeur « que, dans l'espèce, l'affaire eût été terminée administrativement, si le conseil d'État avait décidé que le fait imputé par l'abbé Humeau ne constituait pas un abus, que, en effet, une pareille décision aurait fait disparaître la contravention poursuivie; mais que, le conseil d'Etat ayant déclaré l'abus, l'action publique débarrassée de l'obstacle qui en avait suspendu l'exercice, a dû nécessairement suivre son cours, sans qu'il ait été besoin d'un renvoi de l'affaire au tribunal de répression. »

Il faut d'abord se demander pourquoi le juge a sursis, pourquoi il a dû surseoir. D'après M. le procureur-général, c'est « lorsque l'infraction imputée à un ecclésiastique ne se confond pas avec un acte d'exercice du culte » que « le ministère public a une absolue liberté pour poursuivre la répression. » Mais, « lorsque l'inculpé prétend que l'infraction à lui reprochée constitue un acte du culte et s'identifie avec cet acte, trois hypothèses peuvent se présenter: » 1º s'il est évident « que le prêtre, en violant la loi pénale, ne remplissait pas un devoir sacerdotal, le juge répressif peut retenir l'affaire, sans s'arrêter à une exception dénuée de toute consistance ; » 2º s'il est évident que le fait constitue « un

---

[1] Reproduites, D. P. 1881 — 1 — 394.

acte légitime de l'exercice du culte..., le juge de police doit déclarer qu'il n'y a pas d'infraction punissable; il n'a pas besoin d'attendre la décision du conseil d'Etat; » 3° « le juge répressif considère qu'il y a doute sur la valeur de l'exception; il surseoit à statuer sur la question de culpabilité, en renvoyant devant le conseil d'Etat, qui a seul compétence pour décider si le ministre du culte s'est ou non renfermé dans ses attributions, s'il s'est ou non conformé aux obligations de son ministère. » — « Telle est votre jurisprudence, » ajoute M. le procureur-général. Il est permis de faire observer que cette doctrine ne ressort pas, au moins nettement, des décisions auxquelles il renvoie (Crim., 25 mars 1880).

L'obligation où le juge était de surseoir s'explique autrement. L'arrêt du 31 mars 1881 ne reproduit pas les distinctions du savant procureur-général; il porte que « la question ainsi soulevée par le prévenu était une question d'abus, dans le sens, soit de l'art. 6, soit de l'art. 7. » La question d'abus, fondée sur l'art. 6 (abus de la part de l'ecclésiastique), ne peut, d'après une jurisprudence déjà ancienne, être opposée au ministère public, quand c'est lui qui agit. Si M. l'abbé Humeau avait soutenu seulement devant le juge de police que le fait à lui imputé, pouvant constituer un abus, devait être préalablement soumis au conseil d'État, le juge n'avait qu'à passer outre. Mais le prévenu alléguait qu'il avait usé d'un droit en ne tenant pas compte d'un arrêté qui lui-même aurait porté atteinte à la liberté du culte catholique, cas d'abus à la charge du maire, d'après l'art. 7 : si ce cas d'abus avait été reconnu par l'autorité compétente, c'est-à-dire par le conseil d'État, il n'y aurait plus eu de contravention; dès lors, le juge devait surseoir, comme l'a déclaré la Cour de cassation.

Le conseil d'État n'était saisi par le préfet que de l'abus imputé à M. l'abbé Humeau, mais il avait à examiner forcément celui que ce dernier imputait lui-même au maire de la commune; il ne pouvait déclarer l'abus à la charge de l'ecclésiastique qui avait fait faire la procession malgré l'arrêté municipal, que si cet arrêté n'était pas abusif. La déclaration rendue contre M. l'abbé Humeau impliquait donc la validité de l'arrêté municipal; la question préjudicielle était par là même écartée; « l'action publique

débarrassée de l'obstacle qui en avait suspendu l'exercice, avait
dû nécessairement suivre son cours. »

Ces mots de l'arrêt : « a dû nécessairement suivre son cours »,
ont une grande importance. Il s'ensuit que, l'abus une fois déclaré, le conseil d'État ne peut empêcher d'engager ou de reprendre l'affaire devant le juge de répression ; la phrase de
l'art. 8, « l'affaire sera suivie et définitivement terminée dans la
forme administrative », se rapporte au seul cas où le conseil
déclarerait que le fait imputé au prévenu ne constitue pas un
abus.

Or, le conseil d'État se reconnaissait autrefois le droit de terminer lui-même une affaire de ce genre, tout en déclarant l'abus :
« Considérant qu'il résulte de l'instruction qu'à la procession du
17 avril 1862, le desservant de... s'est permis un acte de violence
répréhensible sur la personne de la demoiselle..., institutrice de
la commune ; — considérant, toutefois, qu'il y a lieu, dans les
circonstances de l'affaire, de la terminer dans la forme administrative ; — art. 1. Il y a abus... ; art. 2. N'est pas accordée l'autorisation demandée par la demoiselle... d'exercer des poursuites
contre le sieur... (10 novembre 1862). » Le conseil d'État statuait
de même le 13 décembre 1864, le 26 décembre 1868. Les raisons qui décidaient le conseil à terminer de telles affaires en re-
fusant l'autorisation demandée étaient, comme le montrent les
faits, tirées, soit, comme dans la première affaire, de ce que la
déclaration d'abus semblait une réparation suffisante pour la personne lésée, soit, comme dans les autres, de ce que des propos
injurieux ou diffamatoires avaient été rétractés par écrit, et le
conseil d'État visait cette rétractation même.

Le conseil d'État, réorganisé conformément à la loi du 24 mai
1872, a longtemps maintenu la même jurisprudence et exercé le
même droit : « Considérant, disait-il, le 26 décembre 1878, que
les paroles prononcées le 10 février 1878 constituent une injure
à l'égard du sieur D..., que, néanmoins, dans les circonstances
particulières de l'affaire, il y a lieu de la terminer dans la forme
administrative », il déclarait l'abus et refusait l'autorisation de
poursuivre. Dans un arrêt du 11 février 1879, on lit : « Vu la
lettre par laquelle le sieur ... rectifie le texte des paroles pro-

noncées par lui, ladite rectification admise et reproduite par l'évêque d'Agen et par le préfet de Lot-et-Garonne ; — vu la déclaration par laquelle le même desservant explique les motifs de ses allocutions et exprime le regret d'avoir pu blesser involontairement les membres du conseil de..... — Considérant que, dans les circonstances de l'affaire, il n'y a pas de motifs suffisants, soit pour déclarer l'abus, soit pour autoriser les poursuites commencées..... » Ainsi l'affaire se terminait encore administrativement.

Quand le conseil d'État a dit « que, en spécifiant, dans les articles 6 et 7, les cas d'abus, la loi du 18 germinal an X n'a eu pour but ni pour effet d'établir une immunité en faveur des ecclésiastiques pour ceux de leurs actes qui tomberaient sous l'application de la loi pénale [1], » a-t-il entendu renoncer absolument au droit, si longtemps exercé par lui, de terminer une affaire dans la forme administrative, en déclarant l'abus? Il semble que sa décision ait été interprétée en ce sens et par M. le procureur-général et par la Cour de cassation [2].

Les arrêts précités par lesquels il refusait l'autorisation de poursuivre se rapportaient tous à des demandes formées par des particuliers qui se prétendaient lésés. En effet, la jurisprudence la plus récente reconnaissant au ministère public le droit d'agir directement, ce n'était pas ordinairement lui qui avait à saisir le conseil d'État. Dans les deux affaires sur lesquelles le conseil s'est prononcé le 17 août 1880, c'était par le ministère public que la poursuite était dirigée, c'étaient des préfets qui formaient des recours pour faire prononcer l'abus ; ni le conseil ni la Cour de cassation n'ajoutaient rien à la doctrine appliquée déjà depuis de longues années, en reconnaissant que l'action publique pouvait et devait reprendre son cours sans autorisation. Auraient-ils décidé de même, s'il s'était agi d'une poursuite directement engagée par la partie lésée ? Le conseil d'État a-t-il eu la pensée de comprendre cette seconde hypothèse dans son considérant? Les termes très généraux de ce considérant ne permettent que de le présumer.

[1] Une décision identique a été rendue le jour même dans une autre affaire.
[2] Cf. D..P. *loc. cit.,* p. 393, notes 2 et 3.

2. Actes faits par les fonctionnaires de l'ordre administratif. — Recevabilité des conflits.

Nous avons rapporté l'année dernière [1] une décision du tribunal des conflits en date du 22 déc. 1880, confirmant l'arrêté de conflit pris par le préfet de la Vienne en une matière criminelle ; le tribunal n'admettait pas que la Cour de Poitiers eût pu passer outre en se fondant sur l'art. 1er de l'ordonnance du 1er juin 1828 ; elle avait « excédé ses pouvoirs, disait-il, et méconnu les dispositions des lois des 21 fructidor an III et 24 mai 1872. » Le tribunal a rendu, les 19 et 26 février 1881, des décisions analogues ; il revendique pour lui-même et pour lui seul le droit de prononcer sur la validité d'un arrêté de conflit ; dans tous les cas où le conflit est élevé, l'autorité judiciaire doit surseoir.

Nous persistons à croire que cette autorité a le droit d'écarter un conflit qui est non-recevable parce qu'il est formé sans la permission, bien plus contre la défense expresse du législateur. Ce n'est plus là une simple question de validité. Les arrêts de la Cour de Poitiers, des 17 et 19 septembre 1880, avaient été déférés à la Cour de cassation : « Nous sommes arrivé, disait le conseiller-rapporteur, M. Sallantin [2], à cette conclusion que la Cour de Poitiers avait sur tous les points fait une saine et juste application des principes de notre loi pénale. » M. le procureur-général Bertauld a protesté sur le point que nous signalons : « Toutes les analogies de droit, a-t-il dit [3], me paraissent contraires à cette doctrine. Ainsi, les juridictions contre les décisions desquelles un pourvoi en cassation est formé sont tenues de surseoir quand ce pourvoi est suspensif ; elles n'ont pas qualité pour apprécier la régularité ou la recevabilité du recours ; c'est à votre autorité qu'appartient cet examen. La demande en règlement de juges qui résulte de l'arrêté de conflit a au moins autant d'effet qu'un pourvoi ; elle doit avoir autant de portée, entraîner les mêmes conséquences ; elle impose à l'autorité judiciaire la nécessité d'un

[1] *Rev. Crit.*, 1881, p. 190.
[2] D. P. 1881 — 1 — 236.
[3] *Ib.*, p. 238 — V. les très-justes observations contenues dans la note, p. 233.

sursis. Comment l'autorité judiciaire, quand son pouvoir juridictionnel est en question, pourrait-elle se dispenser d'attendre la solution du juge suprême de la compétence ? »

L'argumentation consiste à conclure du pourvoi en cassation à l'arrêté de conflit. Nous argumenterons de même pour arriver à une conséquence opposée. L'art. 1er de l'ord. de 1828 porte que « le conflit ne sera jamais élevé en matière criminelle. » Nous en rapprocherons l'art. 416, C. I. C. : « Le recours en cassation contre les arrêts préparatoires et d'instruction ou les jugements en dernier ressort de cette qualité, ne sera ouvert qu'après l'arrêt ou jugement définitif. » Que feront les juges dont la décision aura été prématurément attaquée en violation de cet article ?

« Attendu, dit la Cour de cassation (16 nov. 1866), que la Cour impériale d'Alger, ayant rejeté par un arrêt du 26 janvier les appels formés contre le jugement qui avait joint au fond les exceptions proposées par les demandeurs, *a dû* également, par son arrêt du 27 janvier, *ne pas surseoir* sur le pourvoi formé contre son premier arrêt ; qu'en effet, cet arrêt, ne statuant que sur l'appel d'un jugement d'instruction, n'était susceptible de pourvoi qu'après l'arrêt définitif. »

Le 25 mars 1880, la Cour de cassation rejette pour la même raison un pourvoi formé contre un arrêt préparatoire rendu par la Cour d'assises de la Charente-Inférieure, mais sans faire nul grief à celle-ci d'avoir rendu l'arrêt définitif nonobstant le pourvoi.

Si l'autorité judiciaire ne doit pas s'arrêter devant un pourvoi auquel on ne peut reprocher que d'être prématurément formé, comment serait-elle tenue de s'arrêter devant un arrêté de conflit pris illégalement ? Lui imposer cette obligation, c'est méconnaître l'esprit général de notre loi, qui ne veut pas qu'une partie puisse, en invoquant des exceptions dénuées de tout fondement, retarder ou même rendre impossible l'œuvre de la justice qu'elle a lieu de redouter.

Les deux arrêts rendus par la Cour de Poitiers les 17 et 19 sept. 1880 avaient été déférés à la Cour de cassation, pendant que le préfet de la Vienne élevait le conflit. Le tribunal des conflits ayant donné gain de cause au préfet par jugement du

22 déc. 1880, la Cour de cassation a déclaré, le 17 mars 1881,
« qu'il n'y avait lieu de statuer sur ledit pourvoi », désormais
sans objet, les décisions contre lesquelles il était formé n'exis-
tant plus, et « sans qu'il fût besoin d'examiner les divers moyens
présentés. »

§ 3. INSTRUCTION CRIMINELLE.

1. — C. I. C., art. 480 et suiv., l. 20 avril 1810, art. 16. — Droit d'informer contre un préfet en matière criminelle.

Quand un crime est imputé à un préfet, sans qu'il soit spécifié
que celui-ci a agi en qualité d'officier de police judiciaire, est-ce
le juge d'instruction qui doit informer, conformément au droit
commun ? est-ce le premier président, en vertu de l'art. 10 de la
loi du 20 avril 1810 et conformément aux art. 480 et suivants,
C. I. C.?

C'est à ce dernier parti que s'est arrêtée la Cour de cassation,
rejetant, le 12 mai 1881, le pourvoi formé contre l'arrêt rendu
par la Cour de Limoges le 19 oct. 1880 [1]. Nous nous permettrons
de présenter quelques objections contre la solution qu'elle a cru
devoir adopter d'accord avec deux éminents magistrats, M. Saint-
Luc Courborieu, rapporteur, et M. le procureur-général Bertauld.

L'art. 10 de la loi du 20 avril 1810 porte : « Lorsque de grands
officiers de la Légion d'honneur, des généraux commandant une
division ou un département, des archevêques, des évêques, des
présidents de consistoire, des membres de la Cour de cassation,
de la Cour des comptes et des Cours impériales et des *préfets*
seront prévenus de délits de police correctionnelle, les Cours
impériales en connaîtront de la manière prescrite par l'art. 479,
C. I. C. »

L'art. 18 de la même loi porte : « La connaissance des *faits
emportant peine afflictive ou infamante* dont seront accusées les
personnes mentionnées en l'art. 10 est aussi attribuée à la Cour
d'assises du lieu où réside la Cour impériale..... »

Ainsi, quand l'une des personnes mentionnées en l'art. 10 sera

[1] Cf. *Rev. crit.*, 1881, p. 196.

prévenue d'un délit, « le procureur-général près la Cour d'appel la fera citer devant cette Cour, qui prononcera sans qu'il puisse y avoir appel (art. 479, C. I. C.); » quand elle sera accusée d'un crime, ce sera la Cour d'assises du lieu où siége la Cour d'appel qui devra la juger.

Telles sont les deux dérogations que la loi de 1810 apporte au droit commun, en ce qui touche les personnes mentionnées en son art. 10. Sur tous les points dont il n'est parlé, ni par cet art. 10, ni par l'art 18, il semble bien que le droit commun conserve son empire. Telle est la conclusion à laquelle mèneraient les anciennes règles d'interprétation, règles souvent invoquées par la Cour de cassation elle-même : *Exceptiones sunt strictissimæ interpretationis. — Qui dicit de uno negat de altero.*

Sans doute on pourrait se croire obligé d'étendre les exceptions, si l'application étroite qui en était faite aboutissait ou à l'impossible ou à l'absurde. Il n'est ni impossible ni absurde de procéder conformément au droit commun contre les personnes mentionnées en l'art. 10, quand elles sont accusées de crimes ; tout ce qu'on peut dire, c'est qu'il vaudrait mieux être autorisé ou astreint par le législateur à procéder conformément au droit exceptionnel établi par le C. I. C. pour les juges de première instance, par exemple ; on ne saurait aller plus loin.

Quelles sont donc les raisons qui ont décidé la Cour de cassation à s'écarter de sa prudence habituelle en matière d'interprétation et à décider « que l'art. 10 de la loi du 20 avril 1810, *complétant le chap. 3, tit. IV, C. I. C.,* a étendu les dispositions exceptionnelles des art. 479 *et suivants* de ce Code aux délits et *aux crimes* imputés aux fonctionnaires et dignitaires désignés dans ce texte ? »

« Il faut voir, dit l'arrêt, dans l'art. 10 précité, une référence *implicite* et *nécessaire* aux dispositions du chap. 3, à partir de l'art. 479, qui est *expressément visé pour désigner ce chapitre,* lequel renferme un ensemble de garanties spéciales, protectrices de l'intérêt public et des droits du prévenu, *garanties plus indispensables encore pour les crimes que pour les délits,* particulièrement en ce qui concerne les fonctionnaires et dignitaires désignés dans l'art. 10 de la loi du 20 avril 1810. »

Le raisonnement se décompose en deux parties, étroitement liées l'une à l'autre ; la Cour affirme que le législateur de 1810, en renvoyant expressément à l'article 479, C. inst. crim., a renvoyé implicitement à tout le chapitre 3, et elle appuie cette affirmation sur un argument *à fortiori*, on pourrait dire sur deux, les garanties spéciales étant plus indispensables encore en matière de crimes qu'en matière de délits, et l'étant tout particulièrement pour les personnes mentionnées dans l'article 10.

Il faut reconnaître, d'abord, quant à la première partie du raisonnement, qu'elle prête au législateur une manière de procéder et de s'exprimer bien contraire aux habitudes de tous les législateurs. A-t-on beaucoup d'exemples de *références implicites ?* Si la loi de 1810 avait voulu renvoyer au chapitre, pourquoi ne s'en serait-elle pas expliquée ? Il ne lui en coûtait pas plus de citer un chapitre que de citer un article, et il aurait beaucoup mieux valu ne pas tromper les interprètes en leur laissant croire qu'elle voulait dire ce qu'elle disait, quand elle voulait dire autre chose. A ce premier raffinement d'un législateur qui tiendrait, on ne sait pourquoi, à ne pas laisser pénétrer sa pensée, il faudrait en ajouter un autre ; l'article 10 parle de *délits de police correctionnelle* et l'on devrait l'entendre comme parlant *de délits et de crimes*. Ce qui permet de soutenir que cette interprétation, qui attribue au législateur, ou une singulière recherche d'obscurité, ou une impardonnable inexactitude de langage, est erronée, c'est qu'il parle ailleurs, dans l'article 18, dans un autre chapitre, des *faits emportant peine afflictive ou infamante.* Il se rappelait et il maintenait, on le voit, la classification, si récemment adoptée par lui-même, des faits punissables. La *référence implicite* dont parle la Cour de cassation manque absolument de vraisemblance.

A l'appui de cette opinion, M. le procureur-général dit : « Nous trouvons dans la loi une preuve saillante que le renvoi à l'article 479 suppose le renvoi aux articles qui le suivent, articles dont l'application doit être faite *secundum subjectam materiam.* » Cette preuve serait tirée de l'article 494, C. inst. crim., qui prévoit l'hypothèse où, « dans l'examen d'une demande en prise à partie ou dans toute autre affaire et sans qu'il y ait de dénonciation directe ou incidente, l'une des sections de la Cour de cassation apercevra quelque délit de nature à faire poursuivre criminellement un tribunal ou un *juge de la qualité exprimée en l'article 479.* » — « Le renvoi à l'article 479, ajoute l'éminent jurisconsulte, c'est, dans la langue du Code d'instruction criminelle et de la loi du 20 avril 1810, le renvoi à la procédure exceptionnelle, organisée dans l'intérêt social, dans un intérêt de sécurité vis-à-vis de certains fonctionnaires. » Mais il n'est question, dans l'article 494, que d'une énumération qu'on ne veut pas prendre la peine de répéter ; il n'y a aucun intérêt à se demander si, en le rédigeant, notre législateur a songé aux dispositions contenues dans les articles qui suivent l'article 479. L'article 494, que ne cite pas, d'ailleurs, la Cour de cassation, n'apporte aucune force à l'interprétation de celle-ci ; on ne peut dire que le renvoi à l'article 479, dans la langue du Code d'instruction criminelle et de la loi de 1810, signifie le renvoi au chapitre tout entier, ou le Code et la loi parleraient une langue qui n'aurait plus que des rapports fort éloignés avec le français, dont on a toujours vanté la précision et la clarté.

Non-seulement l'article 10 ne parle pas des crimes, mais on pourrait dire qu'il les exclut, en faisant rentrer dans l'énumération les membres des Cours impériales. A leur égard, et pour le cas où ils seraient accusés de crimes, tout un système de procédure était déjà organisé par le Code d'instruction criminelle, et l'article 10 ne pouvait avoir d'autre objet que de les rendre, pour le cas où ils seraient prévenus de délits, immédiatement justiciables des cours impériales elles-mêmes. A la référence implicite il faudrait donc ajouter une distinction non moins implicite entre telles ou telles personnes comprises dans la même énumération.

Nous devrons toutefois nous incliner, si la référence est nécessaire ; c'est ce que nous avons à examiner maintenant.

Elle le serait, d'abord, parce que les garanties spéciales sont plus nécessaires en matière de crimes qu'en matière de délits. Une des trois remarques générales que présentait M. le procureur-général sur l'ensemble des chapitres 3 et 4, titre IV, C. inst. cr., était ainsi conçue : « Les garanties s'étendent suivant le caractère des infractions à la loi pénale. »

S'agit-il des garanties dans le jugement ? mais la proposition

même que nous venons de rapporter serait d'une application difficile ; en matière correctionnelle, le tribunal d'arrondissement a
pu être remplacé par la Cour d'appel, hiérarchiquement placée
au-dessus de lui ; en matière criminelle, il n'y avait pas de juridiction supérieure qui pût être substituée à la Cour d'assises ;
celle-ci était d'ailleurs considérée comme offrant tout ce qui peut
être demandé en fait de garanties ; elle a donc gardé sa compétence, *ratione materiæ* ; l'art. 18 n'a fait que déroger au droit
commun en ce qui touche la compétence *ratione loci*.

S'agit-il des garanties dans l'instruction ? mais qu'est-il besoin
d'ajouter aux garanties qu'offre à toutes personnes la manière
dont le droit commun a organisé l'instruction en matière criminelle ? Ici ce n'est plus au juge d'instruction qu'il appartient de
saisir la juridiction compétente, c'est à la Cour elle-même, chambre des mises en accusation ; qui peut nier que la garantie, atta-
chée à la nécessité d'un arrêt, ne soit supérieure à celle que peut
offrir une ordonnance rendue par un juge unique, ce juge fût-il
un premier président ? à quoi bon faire intervenir celui-ci, pour
ne pas lui laisser le dernier mot ? Si le juge d'instruction était
animé d'un zèle indiscret contre le préfet, la chambre des mises
en accusation, nécessairement saisie par une ordonnance de renvoi, ne manquerait pas de rendre un arrêt de non-lieu. Ce n'est
pas l'intérêt du préfet et celui des autres personnes mentionnées
en l'art. 10 qui peut avoir à souffrir du droit commun. Sera-ce
l'intérêt de la société, en ce que le juge d'instruction peut être
intimidé et se laissera trop facilement amener à rendre une ordonnance de non-lieu ? Mais cette ordonnance ne peut-elle pas être
frappée d'opposition par le procureur de la République, et à son
défaut, par le procureur-général, qui sera lui au moins, assez
haut placé pour échapper à l'intimidation universelle, et n'est-ce
pas encore à la Cour d'appel qu'il appartiendra de décider si
l'inculpé deviendra un accusé ? Craint-on que le procureur-général ne faiblisse lui-même ? Il ne faiblirait pas moins ; s'il s'agissait de saisir le premier président ou de participer à une information dirigée par celui-ci. D'ailleurs la partie civile a le droit
d'attaquer l'ordonnance (art. 128 et 135, 2°, C. I. C.), et par conséquent il dépend d'elle de soumettre la question à la Cour.

Quelle est donc la garantie nécessaire qui manque dans le droit commun?

Le second argument *à fortiori* est présenté par M. le procureur-général sous la forme d'une troisième remarque : « Les garanties exceptionnnelles sont proportionnées à l'élévation de condition des inculpés. » Comment la loi ne ferait-elle pas pour un préfet ce qu'elle a fait pour le dernier des officiers de police judiciaire? L'intérêt de la société, qui veut qu'un coupable soit puni, celui des personnages considérables, qui veut qu'ils ne soient pas livrés sans protection à de vaines attaques, rendent également nécessaire, l'intervention des magistrats les mieux placés pour être indépendants et impartiaux.

La remarque présentée ici par M. le procureur-général traduit peut-être avec exactitude, mais seulement en partie, la pensée des législateurs de 1808 et de 1810 : « Le projet, disait Berlier, dans l'*Exposé des motifs* du tit. IV, chap. 3, C. I. C., attribue la connaissance de ces délits (commis par les personnes énumérées à l'art. 479) aux cours impériales qui y statuent en premier et dernier ressort ; les motifs de cette attribution sont faciles à saisir. — En effet, s'il s'agit d'un simple délit *commis dans l'exercice des fonctions, le droit de discipline, naturellement dévolu au supérieur sur l'inférieur, devient ici attributif de la juridiction;* et, s'il est question d'un délit commis *hors des fonctions,* l'ordre public réclame encore cette attribution, surtout si l'inculpation est dirigée contre un magistrat membre d'un tribunal de première instance ou de police correctionnelle ; car *s'il avait son propre tribunal pour juger, ne devrait-on point redouter ou une excessive indulgence ou une trop grande rigueur* [1]. — Dans une telle conjoncture et même lorsqu'il s'agit d'un délit imputé à un juge de paix, il est bon *que les dispensateurs de la justice soient pris dans un ordre plus élevé* et parmi des hommes assez forts pour rassurer la société entière contre l'impunité de certains fonctionnaires publics, ou pour protéger ceux-ci contre d'injustes poursuites. — ...Dans cette combinaison, l'on est resté fidèle à ce principe que, dans la répression des crimes imputés à des juges,

---

[1] Cf. Chollet, *Rapport au Corps législatif.*

les premières autorisations devaient venir d'assez haut pour obvier tout à la fois à l'impunité des juges qui seraient coupables, et aux vexations auxquelles se trouvent quelquefois en butte ceux qui remplissent un grave et difficile ministère. Cette double garantie se trouve dans la compétence donnée aux cours impériales pour connaître immédiatement des délits de police correctionnelle commis par les juges de première instance ou de paix, dans leurs fonctions ou dehors : point d'impunité, point de vexation ; voilà le but qu'on atteindra par cette mesure qui tend, d'ailleurs, à investir les cours d'une plus grande considération et *à établir dans la hiérarchie judiciaire un ressort qui lui manque aujourd'hui.* »

Ainsi la compétence exceptionnelle accordée aux cours est rattachée à l'autorité disciplinaire qu'elles exercent dans tout leur ressort sur quiconque rend ou contribue à rendre la justice, quand il s'agit de délits commis dans l'exercice des fonctions ; elle est destinée à resserrer les liens de la hiérarchie judiciaire, lors même qu'il s'agit de délits commis hors des fonctions ; voilà une première considération, tirée, non de la supériorité, mais de l'infériorité de situation de ceux à qui l'on donne des juges exceptionnels. L'*Exposé des motifs* en indique une seconde : les tribunaux qui auraient à juger leurs membres seraient suspects ; on aurait à craindre qu'ils ne péchassent par excès, ou de sévérité, ou d'indulgence. Ni la hiérarchie et la discipline judiciaires, ni l'esprit de corps ne sont en cause à propos des personnes mentionnées dans l'art. 10 de la loi du 20 avril. Reste une troisième raison : « Il est bon que les dispensateurs de la justice soient pris dans un ordre plus élevé... » Cette raison que Berlier rattachait à la seconde et donnait seulement à propos des membres des corps judiciaires, Noailles, rapporteur de la loi de 1810 au Corps législatif, l'étend aux personnes mentionnées dons l'art. 10 : il cite les propres paroles de Berlier, pour montrer que la loi nouvelle servira doublement, à empêcher l'impunité, d'une part, les poursuites injustes, de l'autre.

On le voit, la pensée de proportionner les garanties exceptionnelles à l'élévation de condition des inculpés, qui s'est incontestablement présentée à l'esprit du législateur, n'est pas la seule qui l'ait dirigé, et il n'en a jamais fait un principe absolu dont il faille trouver l'application à tous les cas et en toute matière. Que l'on se conforme aux dispositions qu'elle a inspirées, mais que l'on s'y borne.

L'instruction, en matière de crimes, aboutissant à la chambre des mises en accusation dans les conditions que nous avons indiquées tout à l'heure, cette chambre renvoyant, s'il y a lieu, devant la Cour d'assises, que peuvent demander de plus les personnes mentionnées dans l'art. 10 de la loi du 20 avril ? que peut-on demander de plus contre elles ?

Le second argument *à fortiori* sur lequel nous venons de nous arrêter se présente sous une forme nouvelle et avec un caractère plus spécial dans les considérants suivants :

« Attendu que le système d'interprétation restrictive de l'art. 10 précité conduirait à cette conséquence que les membres des Cours d'appel inculpés d'un crime relatif à leurs fonctions seraient poursuivis conformément aux règles spéciales d'information et de procédure prescrites par les art. 485, 486 et suiv. C. I. C., et que les membres de la Cour de cassation et de la Cour des comptes, prévenus de crimes relatifs même à leurs fonctions, seraient soumis au principe général de la compétence du juge d'instruction ; — attendu qu'un pareil résultat est inadmissible, parce qu'il est inconciliable avec la théorie de la loi, d'après laquelle les garanties d'examen, d'instruction et de jugement doivent être, autant que possible, proportionnées à l'importance de la fonction remplie par la personne inculpée. »

On supplée à la disposition spéciale qui manque dans la loi par une théorie générale qui n'y est pas non plus : l'œuvre des plus habiles interprètes, et certes M. Bertauld est du nombre, ne doit pas se substituer à celle du législateur lui-même ; est-ce une omission de celui-ci ? peut-être. Conviendrait-il de réparer son erreur ? nous ne disons pas le contraire, pourvu que la tâche soit confiée au pouvoir qui a seul qualité pour la remplir. Il n'est pas possible, d'après la Cour, que les conseillers à la Cour de cassation et à la Cour des comptes soient soumis à la compétence du juge d'instruction pour les crimes relatifs à leurs fonctions, au lieu d'être poursuivis conformément aux règles posées par les art. 485 et suiv., pour les membres des Cours d'appel dans une semblable hypothèse. Nous ferons observer, en premier lieu, que l'application des art. 480 et suivants aux conseillers de la Cour de cassation a l'inconvénient de faire intervenir une compagnie judiciaire, la plus haute de toutes, il est vrai, dans le procès fait à l'un de ses membres, inconvénient que, en général, la loi a voulu éviter. En second lieu, l'arrêt insiste sur les crimes commis dans l'exercice des fonctions; mais, quant à ceux qui seraient commis en dehors, ce serait encore à la Cour de cassation qu'il appartiendrait, conformément à l'art. 482, de prononcer le renvoi, toujours une intervention que le législateur goûte peu, et à qui? à un juge d'instruction, pour informer, ou directement à une Cour d'appel pour statuer sur la mise en accusation.

M. le procureur-général a le droit de s'étonner que des magistrats appartenant à la Cour de cassation et à la Cour des comptes puissent « répondre à un juge d'un rang inférieur dans l'ordre de la hiérarchie, à un juge d'arrondissement, d'une condition singulièrement disproportionnée à la leur. » Sans doute la disproportion est beaucoup moindre entre ces hauts magistrats et les membres des Cours d'appel; elle existe cependant; c'est devant les Cours d'appel qu'ils seront cités, au cas où ils seront prévenus de délits; ce sont les Cours d'appel qui auront à prononcer sur la mise en accusation, conformément à l'art. 482, à propos de crimes commis hors des fonctions; ce sont les Cours d'assises qui auront à prononcer sur le fond à propos de crimes commis dans l'exercice des fonctions; que devient l'ordre hiérarchique?

L'immixtion d'un juge d'instruction est même toujours possible, quand un crime ests imputé à un membre de la Cour d'appel, soit hors, soit dans l'exercice de ses fonctions, à raison d'une délégation qu'autorisent les art. 481 et 488.

Ce qui du reste peut être soutenu au sujet des conseillers à la Cour de cassation ou à la Cour des comptes ne semblerait pas pouvoir l'être au sujet des autres personnes mentionnées dans l'art. 10. Serait-il, en particulier, possible de distinguer, en ce qui les concerne, entre les crimes commis dans l'exercice des fonctions et les crimes commis en dehors? Toute la procédure prescrite par les art. 485 et suiv. pour les conseillers d'appel

accusés de crimes commis dans l'exercice de leurs fonctions ne
se comprend très-bien que des fonctions judiciaires, sur l'exercice
desquelles la haute surveillance appartient à la Cour de cassation.

Cette distinction cependant est relevée par M. le procureur
général et par M. le conseiller rapporteur : « Les garanties exceptionnelles s'accroissent lorsque les faits reprochés sont présentés
comme accomplis à l'occasion ou dans l'exercice des fonctions des
inculpés. » Telle est la première des trois remarques générales
faites par M. le procureur-général : « Il serait peut-être, dit
M. le rapporteur, difficile de contester l'exactitude de cette solution (la compétence du juge d'instruction), quand la partie civile
impute à un préfet un crime qu'il aurait commis hors de ses
fonctions. Mais la question présente plus de difficulté, quand la
partie civile impute à un préfet un prétendu crime qui aurait été
commis dans l'exercice ou à l'occasion de ses fonctions adminis-
tratives... »

Nous ne contestons pas l'exactitude de la remarque présentée
par M. le procureur-général, mais nous croyons qu'il en étend
démesurément la portée ; elle résume très-bien un grand nombre
de dispositions spéciales et elle rend fidèlement l'esprit de la loi ;
mais elle ne peut suppléer aux textes quand ceux-ci font défaut.
Il est impossible d'apercevoir dans l'art. 10 la moindre trace d'une
distinction semblable à celle que nous venons d'indiquer ; tout au
contraire, nous ferons observer que certaines des personnes mentionnées dans l'article n'ont pas de fonctions à remplir, ce sont
les grands-officiers de la Légion d'honneur. Il est donc certain
que le législateur s'est attaché uniquement à une certaine qualité des personnes, qualité que celles-ci pouvaient tenir ou de
leur dignité ou de leurs fonctions.

Si M. le procureur-général a pu citer M. Rodière à l'appui de
l'opinion qu'il a soutenue avec son talent ordinaire, les autorités
ne manquent pas dans le sens opposé. Il y a longtemps que Le
Graverend a dit : « Quant à la manière dont il doit être procédé
contre ces mêmes fonctionnaires (mentionnés dans l'art. 10) en
cas de prévention de crime emportant peine afflictive ou infamante, la loi n'a prescrit aucune forme particulière pour l'in-

struction de la procédure, d'où il faut conclure, avec certitude, que les règles ordinaires peuvent être observées. » Il fait une seule réserve : « J'observe cependant que si des membres de la Cour de cassation ou de la Cour des comptes étaient prévenus de crimes, il semblerait *convenable* [1] que la Cour royale usât alors, à raison de la qualité éminente des prévenus, du droit d'évocation que la loi lui confère, afin de ne pas laisser la direction de l'instruction à des magistrats d'un ordre inférieur; mais cette observation n'est fondée que sur les convenances, et, si elles suffisent pour motiver la marche que j'indique, du moins est-il certain que la marche ordinaire n'a rien d'irrégulier dans l'espèce [2]. » L'auteur, on le voit, ne pense pas aux art. 488 et suiv., C. I. C. C'est aussi pour l'application du droit commun que se sont prononcés MM. Dalloz [3] et Faustin-Hélie [4].

C'est dans l'article 18 de la même loi que la Cour de cassation, guidée par son rapporteur, est allée chercher les éléments d'un autre raisonnement.

« Attendu, dit-elle, que l'article 18 de cette loi, en indiquant comme juridiction de jugement, en matière de crimes, la Cour d'assises du chef-lieu où réside la Cour d'appel, *même quand le fait dénoncé a été imputé au préfet de ce département*, a voulu que le verdict d'acquittement ou la déclaration de culpabilité intervînt dans le lieu même où l'instruction, contrôlée par le procureur général, a été faite par le premier président, sous l'autorité immédiate de la Cour d'appel (art. 9, C. inst. crim.). »

On chercherait vainement dans le texte de la loi la preuve d'une telle intention ; sont-ce les principes généraux qui la font présumer ? mais le législateur a-t-il jamais manifesté le désir que l'influence du magistrat instructeur s'exerçât sur la juridiction de jugement, sur le jury ? n'a-t-il pas formellement exprimé la volonté contraire, quand il a fermé la Cour d'assises et au juge d'instruction et aux membres de la Cour d'appel qui auraient voté sur la mise en accusation ? qu'importe, pour le jugement, où

---

[1] Le mot est en *italiques* dans le texte.
[2] *Traité de la législation criminelle en France*, t. I, p. 544 et 545.
[3] R. A., v° *Mise en jugement des fonctionnaires publics*, n° 371.
[4] *Pratique criminelle*, t. I, n° 139, p. 71.

l'instruction a été faite ? quelle importance faut-il attacher aux expressions générales de l'article 9, C. inst. crim. : « La police judiciaire sera exercée sous l'autorité des Cours d'appel ? » D'ailleurs, cette autorité s'exerce également sur toute l'étendue du ressort.

Dans son rapport au Corps législatif, Noailles, parlant de l'article 18, a renvoyé à ce qu'il venait de dire sur l'article 10 : « Les mêmes motifs doivent faire adopter la mesure qui vous est proposée. » Or, ces motifs étaient propres aux juridictions de jugement. Ni impunité, ni vexation, voilà ce que cherchait le législateur.

Il a semblé qu'il y aurait plus d'indépendance et d'impartialité dans la Cour d'assises du lieu où siégerait la Cour impériale, toutes les fois que l'une des personnes mentionnées en l'article 10 n'appartiendrait pas au même département ; mais « le crime imputé au préfet du chef-lieu où réside la Cour d'appel est déféré au jury de ce département », dit M. le conseiller-rapporteur. Les départements qui ne contiennent pas de cour étant de beaucoup les plus nombreux, la précaution n'en devait pas moins être utile dans le plus grand nombre des cas qui se présenteraient. Ajoutons la différence de composition entre la cour d'assises des départements où siègent les Cours impériales et celles des autres départements, sans oublier qu'il faut nous placer sous l'empire du texte de 1808 ; dans les premières, nous trouvons cinq conseillers, dont quatre assesseurs, avec le procureur-général au fauteuil du ministère public ; dans les autres, si le président est encore un conseiller, les quatre assesseurs sont pris dans le tribunal de première instance du lieu où se tiennent les assises et c'est le procureur impérial criminel du même lieu qui porte la parole (anc. art. 252 et 253, C. inst. crim.) ; si le procureur-général pouvait dès lors y prendre la place de son substitut (art. 271 et 284), ce n'était que pour compléter le nombre des assesseurs que l'ancien article 254 donnait à la Cour le droit de déléguer un ou plusieurs de ses membres. Or les juges de première instance ne devaient pas plus au criminel qu'au correctionnel participer au jugement des personnes mentionnées en l'article 10. L'article 93 du décret du 6 juillet 1810 allait ajouter une différence à celle que nous venons de signaler, en autorisant la réunion de la chambre civile présidée par le premier président à la Cour d'assises pour le débat et le jugement d'une affaire, quand la Cour tout entière l'aurait ordonnée conformément aux réquisitions du procureur-général, « dans les lieux où réside la Cour impériale. » La Cour d'assises siégeant dans ces lieux allait acquérir une nouvelle garantie de force et d'indépendance.

La doctrine que nous venons d'exposer peut prêter à des critiques, nous le reconnaissons, surtout dans l'application qui en devrait être faite aux membres de la Cour de cassation et de la Cour des comptes ; elle n'est pas toutefois assez choquante pour qu'il faille la rejeter à tout prix ; nous croyons qu'elle s'impose à quiconque veut se contenter d'appliquer la loi, sans prétendre à la faire.

2. — C. I. C., art. 365, 2⁰. — Non-cumul des peines.

La Cour de cassation a eu à statuer sur l'application de la règle du non-cumul au cas où une personne est jugée successivement dans des instances différentes, pour des faits multiples.

Le 25 juin 1880, elle a cassé un arrêt de la Cour de Riom en date du 3 mai précédent, qui, en prononçant pour un abus de confiance le maximum de la peine d'emprisonnement, deux ans (art. 408 et 406, C. P.), avait ordonné que cette peine ne se confondrait pas avec une condamnation à treize mois d'emprisonnement prononcée contre le prévenu, pour d'autres faits d'abus de confiance, par un arrêt de la Cour de Paris en date du 15 novembre 1879. La Cour de cassation a vu avec raison dans cette disposition « une violation manifeste de l'art. 365, C. I. C. »

C'est par voie de retranchement et sans renvoi qu'elle l'a cassée. Elle a toujours procédé ainsi, quand une juridiction, statuant à la fois sur deux faits, méconnaissait la règle ; elle a toujours retranché l'excédant ; par exemple, la peine de l'incendie étant plus forte que celle du faux en écriture privée, une Cour d'assises n'avait pu prononcer, outre les travaux forcés pour quinze ans à cause du premier crime constaté, mais avec admission de circonstances atténuantes, une amende à cause du second, en vertu de l'art. 164, C. p. Cette dernière peine était purement et simplement retranchée [1].

En effet, en tant que la juridiction saisie de deux faits inégalement punis applique l'amende empruntée au moins grave pour l'ajouter aux travaux forcés portés contre le plus grave, elle viole l'art. 365, mais, si sa décision doit être cassée, un renvoi serait inutile; la peine la plus forte a été prononcée, et désormais elle subsiste seule; il n'y a aucune difficulté à l'exécuter, et l'on n'a pas à en exécuter une autre. De même, la Cour de cassation fidèle à sa jurisprudence, le 22 juillet 1880, « casse et annule un arrêt de la Cour d'appel de Rouen..., mais seulement en ce qu'il a omis d'ordonner que la peine de huit mois (d'emprisonnement) se confondrait avec la peine la plus forte, de cinq ans, prononcée pour le délit d'outrage ; déclare, en conséquence, que ces peines doivent se confondre ; — dit n'y avoir lieu à renvoi. »

La cassation avec retranchement et sans renvoi se comprend encore dans une autre hypothèse ; les deux faits sont jugés successivement, mais la peine la plus forte a été prononcée par les premiers juges ; les seconds n'y peuvent rien ajouter, et il n'y a qu'à retrancher purement et simplement ce qu'ils ont ajouté à tort ; la première sentence recevra seule son exécution, et elle la recevra complète.

Tout autre était la situation dans l'affaire soumise à la Cour de cassation le 25 juin 1880. Une première condamnation à treize mois d'emprisonnement avait été prononcée pour abus de confiance ; le coupable est condamné une seconde fois pour le même délit, et il l'est au *maximum*, c'est-à-dire à deux ans. Les seconds juges avaient usé de leurs droits, mais ils devaient ordonner que les deux peines se confondissent ; ils donnent l'ordre contraire ; cet ordre est anéanti par la Cour de cassation. La confusion des peines n'est ordonnée ni par celle-ci, ni par une Cour de

---

[1] Cf. 18 janvier 1850. La Cour avait cassé un arrêt qui prononçait la réclusion pour cinq ans et l'emprisonnement pour dix à raison de l'état de récidive, en ordonnant que la première condamnation se confondrait dans la seconde ; cette dernière disposition fut retranchée, « et, attendu que, aux termes de l'art. 365, la peine de cinq ans de réclusion prononcée contre....., doit seule être prononcée, (la Cour) déclare qu'il n'y a lieu à aucun renvoi. »

renvoi. Alors s'élève une difficulté bien connue, mais nullement résolue ; à quel procédé recourir pour que le condamné ne subisse pas les deux peines cumulativement prononcées ? La difficulté disparaîtrait, si une cour saisie par le renvoi ordonnait la confusion.

Il faut dire alors ce que la Cour de cassation dit elle-même dans l'hypothèse où les juges du fond ayant prononcé la seconde condamnation sans connaître la première, n'ont pu appliquer l'art. 365, 2º : « En cet état de choses, la question reste entière, et elle pourra être soulevée plus tard lorsqu'il s'agira d'exécuter l'arrêt attaqué, mais, quant à présent, il n'y a pas lieu pour la Cour de cassation de s'y arrêter . »

Sans doute dans cette dernière hypothèse, les juges du second fait ayant ignoré la première décision, « il ne saurait être prétendu qu'il y a eu à tort omission de prononcer la confusion des deux peines, et, par suite, violation de l'art. 365, C. I. C. » Mais qu'importe ? N'arrive-t-on pas au même résultat, ne se trouve-t-on pas dans un embarras égal, du moment que la confusion des peines n'a pas été ordonnée, soit que les juges, ne connaissant pas la première sentence, aient été dans l'impossibilité de se conformer à l'art. 365, soit que, la connaissant, ils aient commis une violation manifeste de la règle contenue dans cet article ? Or, ce résultat, cet embarras seraient faciles à éviter, quand la violation de l'article permet non-seulement de casser la décision défectueuse, mais encore de renvoyer à d'autres juges le soin qui leur revient de prononcer la confusion de deux peines qui subsistent l'une et l'autre.

§ 4. AMNISTIE.

Il est d'autant plus utile de noter les décisions relatives à l'amnistie qu'il n'existe pas de loi organique sur cette matière.

1. Étendue de l'amnistie.

Quelques difficultés se sont élevées sur l'étendue à donner aux lois spéciales dans ces dernières années.

Il a été décidé par la Cour de Bourges [1], le 13 novembre 1880

---

[1] *France judiciaire*, 1880-1881 — 2 — 205.

que la loi qui accorde une amnistie à toutes les personnes condamnées pour crimes et délits de presse (loi du 11 juillet 1880, art. un., 3°) ne peut être appliquée au journaliste qui a publié des faits relatifs à la vie privée, infraction prévue par la loi du 11 mai 1868, article 11, et punie d'une amende de cinq cents francs, mais expressément qualifiée de contravention. La loi, n'ayant parlé que de délits, a laissé les contraventions de côté. La disposition contenue dans l'article 11 de la loi de 1868 est au nombre de celles qu'a fait disparaître la loi du 29 juillet 1881. Cependant l'arrêt de la Cour de Bourges garde un intérêt véritable ; il s'appuie sur la distinction des faits punis de peines correctionnelles en délits et en contraventions. Nous ne croyons pas que cette distinction soit conforme à la loi, tout en reconnaissant qu'elle a pour elle la puissante autorité d'une jurisprudence constante, nous pensons que l'article 1er, C. p., portant : « ...2° L'infraction que les lois punissent de peines correctionnelles est un délit, » est toujours en vigueur, et que par conséquent une infraction qui entraîne cinq cents francs d'amende rentre dans les délits auxquels le législateur accorde le bienfait de l'oubli. La distinction empruntée à la jurisprudence reçoit ici une application qui ne se comprend guère ; la Cour dit « qu'il n'appartient pas aux tribunaux d'étendre par voie d'interprétation arbitraire à des faits non formellement prévus et qui ont pu être intentionnellement omis la portée et le bénéfice d'un acte émanant exclusivement du pouvoir souverain ; » mais l'omission intentionnelle est bien peu probable ; celui qui efface jusqu'aux crimes tiendrait à châtier les contraventions !

La Cour de cassation a eu à interpréter le mot *délits politiques* employé par le même article unique, 3°, de la loi du 11 juillet 1880, et elle a décidé, le 11 avril 1881, que « les délits relatifs à l'exercice des droits civiques sont compris dans les délits politiques...; que les délits de fraude en matière électorale, portant atteinte à l'exercice d'un droit civique, ont donc le caractère de délits politiques. »

Une question d'un autre genre s'est posée devant la Cour de Nîmes. La loi du 11 juillet parle des *condamnés* pour crimes et délits de presse, non des *prévenus* : « Mais il résulte de la discussion de la loi devant le Parlement, a dit la Cour, que le législateur a voulu en étendre le bénéfice à tous les faits délictueux, poursuivis ou non poursuivis ; d'ailleurs, si la condamnation prononcée par les premiers juges était maintenue, elle se trouverait immédiatement anéantie par la loi elle-même. »

2. Effets de l'amnistie. — Inaccomplissement des conditions de fait auxquelles est subordonnée l'acquisition ou la conservation.d'un droit.

Il a été jugé à plusieurs reprises par le conseil d'État que l'amnistie ne saurait avoir pour effet de faire regarder comme accomplies les conditions de fait auxquelles est subordonné l'exercice de certains droits, alors même que la condamnation effacée par cette amnistie produisait l'obstacle opposé à l'accomplissement réel des conditions dont il s'agit.

Les pensions, d'après la loi du 9 juin 1853, article 30, « sont rayées des livres du Trésor après trois ans de non-réclamation, sans que leur rétablissement donne lieu à aucun rappel d'arrérages antérieurs à la réclamation. » Par arrêt du 22 janvier 1880, le conseil d'État a repoussé une demande tendant à un rappel de ce genre, « considérant... qu'en fait, à la suite de la condamnation par contumace prononcée contre lui le 26 juillet 1874, le sieur... a cessé de réclamer les arrérages de sa pension depuis cette époque et a, dès le 1er juillet 1877, encouru la déchéance édictée par l'article précité. »

Une demande identique, au sujet d'une pension militaire, a été écartée autrement, bien que la même cause de déchéance pût être invoquée, d'après l'arrêté du 15 floréal an XI, art. 9. Le pensionnaire, à la suite d'une condamnation prononcée par contumace, s'était réfugié à l'étranger. Son recours a été rejeté par le conseil d'État, le 7 mai 1880 : « Considérant que, en vertu des dispositions de la loi du 11 avril 1831, art. 26, et de l'ordonnance du 24 février 1832, le droit à la jouissance des pensions militaires est suspendu par la résidence hors de France sans l'autorisation du gouvernement. »

Enfin, le 11 juin 1880, le conseil d'État, « considérant (que l'amnistie) ne supprime pas les faits matériels qui se sont produits à la suite de la condamnation, » a décidé que l'amnistié avait à acquérir la qualité d'éligible au conseil municipal en remplissant la condition de résidence dans la commune pendant le temps exigé par la loi du 7 juillet 1874, art. 5-2º.

3. Effets de l'amnistie. — Légion d'honneur.

Ce n'était plus d'une condition de fait, c'était bien d'un droit qu'il était question devant la Cour de Paris, le 25 août 1881 [1]. Le sieur..... avait été condamné le 12 février 1872 à deux ans d'emprisonnement et dix ans d'interdiction des droits civiques, et rayé des cadres de la Légion d'honneur par décret du même jour : « Les lois d'amnistie intervenues postérieurement à cette radiation, dit l'arrêt, n'ont d'autre effet que de relever les amnistiés des incapacités civiles et politiques résultant des condamnations prononcées ; — elles ne sauraient infirmer un décret relatif à une distinction honorifique rendu régulièrement par le chef de l'État, sur la proposition du grand-chancelier de la Légion d'honneur ; — jusqu'à ce que ce décret ait été légalement rapporté et la réintégration ordonnée dans les cadres de la Légion d'honneur, le port des insignes constitue le délit prévu et puni par l'article 259, C. proc. » .

4. Droit de la partie civile.

L'amnistie ne porte aucune atteinte aux droits des tiers ; elle laisse l'action civile intacte ; sans doute celle-ci ne peut plus être portée devant la juridiction répressive, qui ne saurait être saisie une fois que l'action publique n'existe plus [2], mais, si elle s'y trouve régulièrement engagée, au moment où l'amnistie est accordée, il ne faut pas en conclure à un dessaisissement qui préjudicierait à la personne lésée ; la juridiction répressive demeure compétente et il faut qu'elle statue sur les dommages-intérêts réclamés par celle-ci. Une jurisprudence, depuis longtemps formée sur ce point, a été confirmée par plusieurs décisions judiciaires ; le tribunal correctionnel aura donc à juger l'action civile, quand l'amnistie sera postérieure au jour où il aura été saisi ; si

---

[1] *Journal du droit criminel*, 1881, art. 10830. — *France judiciaire*, 1881-1882.— 2 -- p. 121.

[2] Trib. de la Seine, 19 août 1881 (*Journal du droit criminel*, 1881, art. 10833).

cet acte se place après le jugement rendu, la Cour d'appel n'en devra pas moins recevoir et juger l'appel de la partie civile ; si enfin l'amnistie est postérieure à l'arrêt, « au point de vue de l'action civile, le pourvoi tient et doit être apprécié », dit la Cour de cassation [1].

[1] Crim., 3 décembre 1880 ; V. Lyon, 25 août 1880 (D. P. 1881 — 2 — 4), Nimes, 13 janvier 1881 *(Journal du droit criminel,* 1881, art. 10766), trib. de Nevers, 13 août 1881 *(Ib.,* art. 10833).

Paris, impr. F. PICHON. — A. COTILLON & Cie, 30, rue de l'Arbalète, & 24, rue Soufflot.